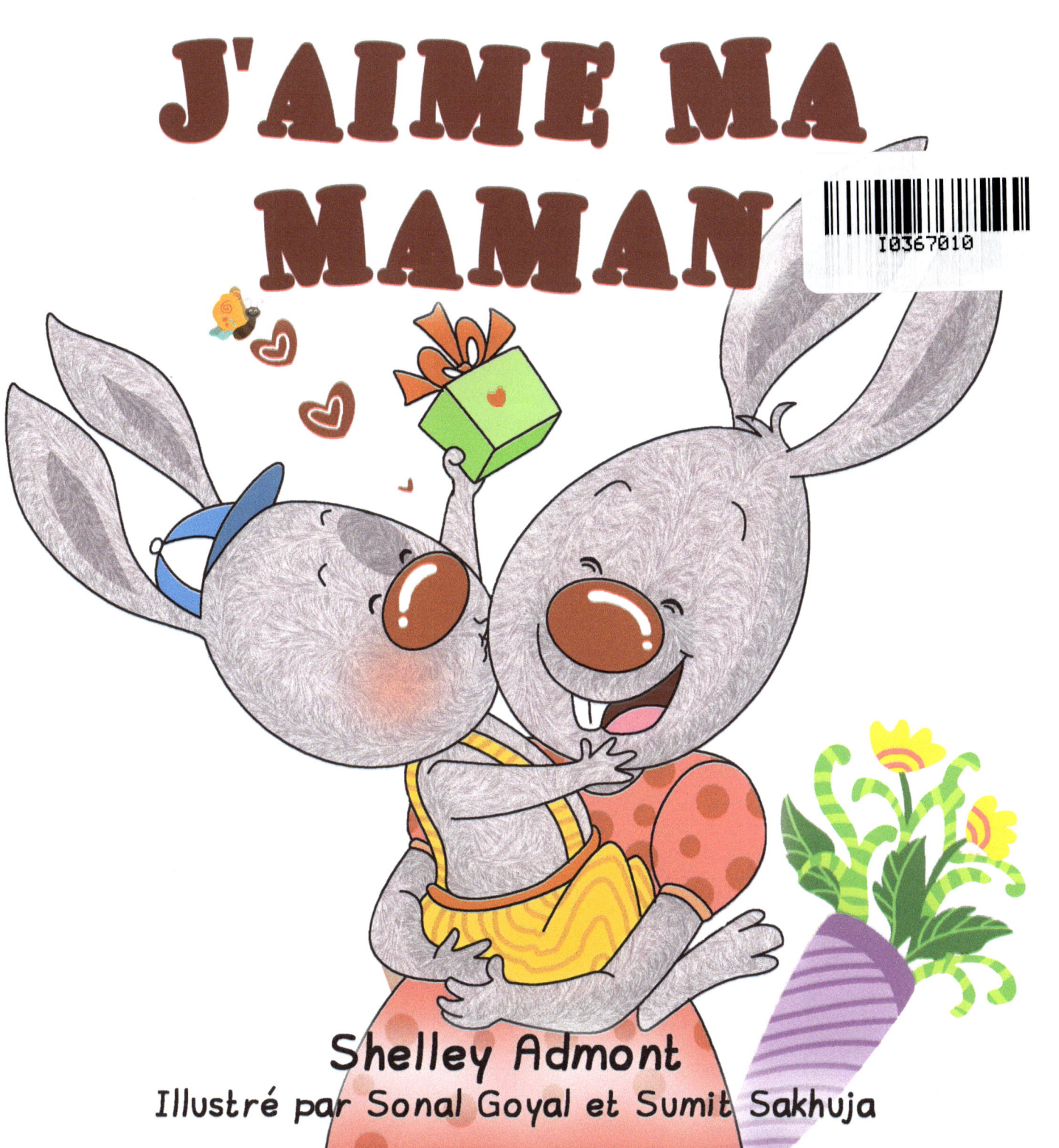

J'AIME MA MAMAN

Shelley Admont
Illustré par Sonal Goyal et Sumit Sakhuja

www.kidkiddos.com
Copyright©2014 by S. A. Publishing ©2017 by KidKiddos Books Ltd.
support@kidkiddos.com

All rights reserved. No part of this book may be reproduced in any form or by any electronic or mechanical means, including information storage and retrieval systems, without written permission from the publisher or author, except in the case of a reviewer, who may quote brief passages embodied in critical articles or in a review.

Tous droits réservés. Aucune reproduction de cet ouvrage, même partielle, quelque soit le procédé, impression, photocopie, microfilm ou autre, n'est autorisée sans la permission écrite de l'éditeur.

Second edition, 2019

Translated from English by Sarah Dugloud
Traduit de l'Anglais par Sarah Dugloud

Library and Archives Canada Cataloguing in Publication
I Love My Mom (French Edition)/ Shelley Admont
ISBN: 978-1-5259-1692-2 paperback
ISBN: 978-1-5259-0797-5 hardcover
ISBN: 978-1-77268-049-2 eBook

À ceux que j'aime le plus-S.A.

Demain, c'était l'anniversaire de maman. Le petit lapin Jimmy et ses deux grands frères chuchotaient dans leur chambre.

– Nous n'avons toujours pas de cadeau, dit le frère cadet, en soupirant.

– Réfléchissons, répondit le frère aîné. Le cadeau de Maman doit être très spécial.

– Jimmy, tu as toujours de bonnes idées, ajouta le cadet. Qu'en penses-tu?

– Hum... Jimmy commença à réfléchir très fort. Soudain il s'exclama.
– Je peux lui donner mon jouet préféré — mon train ! Il sortit le train du coffre à jouets et le montra à ses frères.

– Je ne pense pas que maman aime les trains, dit le frère aîné. Il nous faut une autre idée. Quelque chose qu'elle aimera vraiment.

– On peut lui offrir un livre, s'écria joyeusement le cadet.

– Un livre ? C'est un cadeau parfait pour maman, répondit l'aîné.

– Oui, on pourrait lui donner mon livre favori, dit le frère cadet en se rapprochant de l'étagère.

– Mais maman aime les romans policiers, dit Jimmy tristement, et ce livre est pour les enfants.

– C'est vrai, tu as raison, approuva son frère cadet. Que doit-on faire?

Les trois frères lapins étaient assis et réfléchissaient en silence, jusqu'à ce que l'aîné dise finalement:

– Il n'y a qu'une chose à laquelle je pense. Quelque chose que l'on peut faire nous-mêmes, comme une carte.

– On peut dessiner des millions et des millions de cœurs et de bisous, dit le cadet.

– Et dire à maman combien on l'aime, ajouta l'aîné.

Ils devinrent tous très enthousiastes et se mirent au travail.

Les trois lapins travaillaient très dur. Ils découpaient et collaient, pliaient et peignaient.

Jimmy et son frère cadet dessinaient des cœurs et des bisous. Quand ils eurent fini, ils ajoutèrent encore plus de cœurs et de bisous.

Puis le frère aîné écrivit en grosses lettres :

Joyeux anniversaire, Maman ! On t'aime trèèèèèèèès fort. Tes enfants.

Au final, la carte fut prête. Jimmy sourit.

– Je suis sûr que maman va l'adorer ! dit-il en essuyant ses mains sales sur son pantalon.

– Jimmy, cria son frère aîné. Tu ne vois pas que tes mains sont couvertes de peinture et de colle ?

– Oh, oh... dit Jimmy. Je n'avais pas remarqué. Désolé !

– Maintenant maman va devoir faire une lessive le jour de son anniversaire, ajouta le frère aîné, regardant Jimmy sévèrement.

– Pas question ! Je ne la laisserai pas faire ça ! s'exclama Jimmy. Je vais laver mon pantalon moi-même.
Il se rendit à la salle de bain.

Ensemble ils nettoyèrent toute la peinture et la colle du pantalon de Jimmy et l'étendirent pour qu'il sèche.

En revenant à leur chambre, Jimmy lança un rapide coup d'œil dans le salon et y vit leur maman.

– Regardez, maman dort sur le canapé, murmura Jimmy à ses frères.

– Je vais chercher ma couverture, dit le frère aîné qui retourna rapidement dans leur chambre.

Jimmy était resté là et regardait sa maman dormir. À ce moment il comprit quel serait le cadeau parfait pour leur maman. Il sourit.

– J'ai une idée ! dit Jimmy quand son aîné revint avec la couverture.

Il murmura quelque chose à ses frères et les trois lapins hochèrent la tête, avec un grand sourire aux lèvres.

Ils s'approchèrent silencieusement du canapé et couvrirent leur maman avec la couverture.

Chacun d'eux l'embrassa avec douceur et murmura : "on t'aime, maman." Maman ouvrit les yeux.

– Oh, je vous aime aussi ! dit-elle, en souriant et en câlinant ses fils.

Le lendemain matin, les trois frères lapins se réveillèrent très tôt pour préparer le cadeau surprise pour maman.

Ils se brossèrent les dents, firent leur lit parfaitement et vérifièrent que tous les jouets étaient rangés.

Après ça, ils se dirigèrent vers le salon pour nettoyer la poussière et laver le sol.

Ensuite, ils allèrent dans la cuisine.

– Je vais préparer les tartines préférées de maman à la confiture de framboise, dit le frère aîné, et toi, Jimmy, tu peux lui faire son jus d'orange frais.

– Je vais cueillir des fleurs du jardin, dit le cadet qui sortit par la porte.

Quand le petit-déjeuner fut prêt, les lapins firent toute la vaisselle et décorèrent la cuisine avec des fleurs et des ballons.

Les trois joyeux frères lapins entrèrent dans la chambre de maman et de papa en apportant la carte d'anniversaire, les fleurs et le petit-déjeuner tout frais.

Maman était assise sur le lit. Elle sourit en entendant ses fils chanter "Joyeux Anniversaire" lorsqu'ils entrèrent dans la chambre.

– On t'aime, maman, crièrent-ils tous ensemble.

– C'est mon plus bel anniversaire, dit maman en embrassant ses garçons.

– Tu n'as pas encore tout vu, dit Jimmy en faisant un clin d'œil à ses frères. Tu devrais aller voir la cuisine et le salon!

www.ingramcontent.com/pod-product-compliance
Lightning Source LLC
Chambersburg PA
CBHW061143070526
44584CB00033B/4411